COMO SOBREVIVER
Até os 13
ANOS

Grafia atualizada segundo o Acordo Ortográfico da Língua Portuguesa de 1990, que entrou em vigor no Brasil em 2009.

Todos os direitos reservados. Nenhuma parte deste livro poderá ser reproduzida, por qualquer processo, sem permissão por escrito do autor ou editores, exceto no caso de breves citações incluídas em artigos críticos e resenhas.

Copyright © 2023 Claus Cataldi

Editorial:
Isa Colli

Administrativo:
José Alves Pinto

Revisão:
Tais Faccioli
Max Leone

Diagramação:
Yanderson Rodrigues

Edição e Publicação:
Colli Books

Dados Internacionais de Catalogação na Publicação (CIP
(BENITEZ Catalogação Ass. Editorial, MS, Brasil)

C355c 1.ed.	Cataldi, Claus
	Como sobreviver até os 13 anos / Claus Cataldi. — 1. ed. — Brasília, DF : Colli Books Editora, 2023.
	76 p.; 14 x 21cm
	ISBN: 978-85-54059-86-6
	1. Literatura infantojuvenil. I. Título.
	06-2023/143 CDD 028.5

Índice para catálogo sistemático:
1. Literatura infantil 028.5
2. Literatura infantojuvenil 028.5

Bibliotecária responsável:
Aline Graziele Benitez CRB-1/3129

LED Águas Claras
QS 1 Rua 210, Lotes 33/36 | Salas T2-0804-0805-0806 |
Águas Claras | Brasília – DF | CEP 71950-770
E-mail: general@collibooks.com | www.collibooks.com

Claus Cataldi

COMO SOBREVIVER Até os 13 ANOS

Sou um cara que adora a justiça. Assim, minha dedicatória só pode ser direcionada a todos que fizeram parte da realização deste sonho.

Começo pela minha mamãe, que me inspira todos os dias. Tanto com suas palavras, e mais ainda com suas ações.

Também ao meu irmão, parceiro de tudo, quase um gêmeo, só que com um ano de diferença, que me serve de cobaia nas minhas teorias...

E a minha tia, que dá nome à Editora, Colli, que quase madrinha, me acolhe sempre!

Amo vocês!!!

SUMÁRIO

Introdução 9
O começo 10
A crise 11
Conexões 13
Convívio 15
A vida 17
Rotina 18
Valor 19
Pessoas 21
Pedras 23
Felicidade 24
Queimado 26
Aparência 28
Permissões 30
Frustrado 31
Dar e receber 32
Sobrecarregado 33
Batidas 34
Falhas 35
Viver no limite 37
Amizades 38
Consciente 39
Xadrez 41
Limite? 42
Nós 43
Ódio? 45
Pena? 47
O poder do dizer 48
Todo mudo é igual 49
Ninguém vai te motivar 51
Preparar para perder 53

Oportunidades 54
Danificado.. 57
Técnicas de estudo 58
Seja hilário e sério 60
Seja silencioso sobre o seu sucesso......................... 62
Argumentos e discussões 64
Caráter 65
Se valorize mais 67
Dificultar o fácil.. 68
Sentido da vida... 70
Romance 71
Recuperar o tempo perdido 73
De mim 75

INTRODUÇÃO

Estou aqui para fazer uma leve introdução na minha obra. Nela, eu condenso todas as minhas experiências de vida e comento sobre que alterações eu faria, por meio de histórias, experiências e contos. Dito isso, espero que tenham uma leitura fluida e divertida.

O COMEÇO

Creio eu que você não queira ouvir como eu saí da barriga da minha mãe e o médico gritou: - é um menino! Então, vou pular direto para quando era moleque. Eu, quando criança, cerca dos meus 4-6 anos, era esperto e birrento, muitas vezes me excluía das atividades de turma só para me revoltar. Lembro como se fosse ontem, me convidavam para jogar bola e eu recusava, para brincar e eu dizia que não. Sempre querendo chamar atenção... Assim pararam de me convidar! Lógico, chamei atenção, só que ao contrário...Então eu, claro, revoltado, comecei a tentar me incluir, mas aí já era tarde, os grupos já haviam sido estabelecidos. Assim, acabei me vitimizando. Sempre me perguntava por que eu era excluído, e isso criava uma revolta ainda maior dentro de mim. Percebe o ciclo? Agora, porque eu te contei essa história? Simples... vou dizer em alto e bom som: não desperdice seu tempo!!! Há coisas que não podem ser mudadas depois. Aproveite as oportunidades que Deus te dá. Até porque elas não voltam. E lembre sempre que sorte é uma combinação de preparação e oportunidade.

A CRISE

Já perdeu um ente querido? Isso é, ver uma pessoa passar dessa para aquela que dizem ser a melhor? Com certeza é algo desconfortante, algo que não pode ser evitado, nem esquecido. Assim, vou buscar dizer como fiz para lidar, superar e o mais importante: como evoluir com isso. Essa parte é uma das experiências mais difíceis da nossa vida: a morte. Ela é misteriosa. E, de repente, descobrimos por termos que encarar, e ou entendemos do que a morte se trata. Não desejo isso para ninguém, mas acredito que seja essencial para o crescimento humano. Apesar de muito triste vamos ver várias vidas morrendo ao longo de nossa própria vida, à nossa volta. E isso pode causar uma grande depressão, ou podemos tentar tirar o lado bom e o fato de ter alguma alegria... justamente na medida de entendermos, enquanto ainda há tempo, que os nossos momentos aqui são especiais. E partir do entendimento do fim, começarmos a valorizar pequenas alegrias e conquistas. Por termos a certeza de que a vida não é algo banal. No momento de um falecimento, nos damos conta de que a nossa vida é finita e insignificante, e quanto mais pensamos nisso devemos nos inspirar para queremos viver mais. E algo reconfortante de pensar é que vamos a um lugar paradisíaco. Contudo, sabemos que podemos viver aproveitando ao máximo e, ainda, quem sabe, ter a chance de reencontrar os nossos entes queridos, um dia. Então, devemos viver cada momento como se fosse o último. Pense no que você está fazendo. Não faça as coisas só por fazer. Faça valer. Curta o sabor, a cor. Quando estiver desanimado, pense o quanto você já viveu, o quanto já lutou e resistiu. Não desista, resista, persevere. Não existem falhas nas experiências. Quando você cair, sempre se levante, mais forte. E lembre-se que não é o único, que todo mundo cai também. Sei que, apesar de dizer isso, eu não disse até agora nenhum método de execução. Então lá vai... Sempre tente estar o mais próximo dos seus 100%, todos sabemos que nunca vamos chegar a 100%, mas o fato de dar o seu melhor em tudo, mesmo que seja escovar os dentes, te reconforta por saber que está aproveitando cada pingo de vida que você nasceu com. Escolha com quem você passa o seu tempo, ele é finito, além do que, você sabia que somos feitos a partir de uma média das pessoas com quem convivemos? Então escolha boas, ou melhor, excelentes companhias para andarem ao seu lado. Isso vai certamente te trazer alegria de viver! Aqui, vou aproveitar e dar um gancho para o próximo capítulo. Eu sei, eu sei que pode parecer baixo e ganancioso parar justamente na melhor parte, mas só quero aumentar o seu interesse... Viu como funciona???

CONEXÕES

"Diga-me com quem andas e eu te direi quem tu és" é uma frase bem popular. Eu sei que você, sua mãe, sua avó já ouviram, mas o que isso realmente significa? Simples, o meu entendimento é que você é feito das pessoas com quem convive. Bem simples, não? Esse assunto pode ser bem complicado e explorado, já digo que escolher amizades não é fácil, ou melhor não é simples. Primeiro passo, não coloque pessoas em altares, quando mais jovem eu fazia isso o tempo inteiro. Elegia uma pessoa para formar meu caráter a partir da personalidade dela. Dessa forma, ignorava qualquer erro que o sujeito fizesse, incorporando, assim, o erro para mim mesmo. O segundo passo seria ignorar pessoas tóxicas, os vampiros que te sugam energia. Mas eu bem sei que com questões de escola, curso e parentes, isso algumas vezes não pode ser evitado. Você pode estar se perguntando como sei se uma pessoa é tóxica ou não...uma dica é: comece a sentar do lado delas até decidir se gosta delas ou não. Sua intuição é infalível. Escute-a. Na maioria das vezes só olhamos para elas pela superfície, pelas pessoas que elas aparentam ser. E, se realmente não gostar da pessoa, vou dar algumas soluções para quem não sabe o que fazer. Primeiro: o mais óbvio é não cair em brincadeiras desagradáveis, assim como a maioria faz. Isso te vulnerabiliza. Lembre-se que às vezes o silêncio vale mais que um longo discurso. Agora falarei um método sofisticado, muito utilizado na alta sociedade, sabem, algo que só fui aprender no momento de maior inteligência da minha vida, (ironia pelo fato de ser óbvio). Faça outras amizades, se coloque também em grupos onde se sinta confortável. Busque não julgar. Ninguém vivo é perfeito, nem eu nem você. Então bora ser feliz? Essa é a dica.

CONVÍVIO

◇◇◇◇◇◇◇◇◇◇◇◇◇◇◇◇◇◇◇◇

Sempre que pensamos em convívio vem logo à cabeça um convívio com pessoas. Mas neste capítulo vamos falar do tal do convívio consigo mesmo, que é o mais caro, o famosíssimo amor-próprio. Claro, claro... você se acha muito inteligente e tem muita confiança. Mas não é a isso que eu me refiro e sim conviver com suas escolhas. Não olhar para trás. Viver sem arrependimentos. E você se pergunta: mas isso é possível? Claro que tudo acima é impossível! Ou não? Depende única e exclusivamente de nós... Por exemplo, para viver sem arrependimentos, temos que pensar bem antes de agir, pois quem só vive da impulsão, geralmente deseja dar um replay na cena. Sugiro que usemos o que chamo de orgulho do bem, aquele que nos permite decidir com confiança que caminho trilhar. Outra para você lembrar é: nunca tome decisões pelo medo, nem por nenhuma emoção negativa. Tente ser o mais racional possível, assim, seguramente vai fazer escolhas melhores. Depois, considere o seu estado emocional. E nunca se ponha no papel da vítima. Dito isso, posso dizer para não se esforçar quando não tem estrutura para finalizar, pois isso acaba com seu estado (emocional?). Tente, também, ser o mais extrovertido possível, ninguém admira os tímidos. Um treino que eu faço para isso, é dar bom dia a todos, cumprimento na rua quem passa, sem discriminação. Isso faz muito bem, tanto a mim, quanto a quem recebe um sorriso inesperado. Você não gostaria?

A VIDA

Wow, que isso??!! Logo após um assunto tão leve pular para a vida em geral? Deve ser coisa de louco. Mas calma. Não sou tão louco assim. Só quero mostrar que o convívio faz parte da vida. Um conceito que pode até parecer óbvio, mas a vida trata disso, não é? De coisas óbvias. Portanto, para começar, vou ter que mencionar os constantes momentos de frustração e bloqueios pelos quais passamos. Essa semana mesmo, eu tive um bloqueio de estudo. E era semana de prova. Quero ver como vou me sair... mas o fato é que vamos passar por coisas que não teremos como superar e nem explicar, vamos ter que refletir. Tudo tem uma causa nessa vida sabe? Queira admitir ou não. E a maneira mais fácil que eu encontro para explicar é pensarmos nos acidentes de carro. Pense se o motorista estivesse um minuto sequer atrasado... ele poderia sair com sua vida, e esse um minuto foi gasto amarrando seus sapatos. Já pensou quantas vidas você nunca viveu? Não? E já pensou em quantas variáveis tem a sua vida? De quanta coisa você já escapou por ações banais? Exato. Então, repetindo o que já disse antes justamente por que é a alma do livro: bora ser feliz? Valorizar o momento presente e agradecer por tudo o que temos? Vou resumir esse sentimento em uma palavra que adoro: resiliência. E assim começo o próximo capítulo.

ROTINA

Uma palavra muito entediante, não? Sim, para a maioria de nós, que queremos viver um dia super diferenciado e inovador, todo dia. Mas fato é que não podemos fazer isso por inúmeras questões que são rotineiras como: tomar banho, hora da escola, curso etc. Nesse capítulo, quero te ensinar a amar, portanto, a rotina de sua vida. O que você fará amanhã? Me fale três objetivos que vão aumentar a sua produtividade, por exemplo, ler 10 páginas a mais do meu livro, limpar a casa conco minutos mais rápido, fazer seu dever de casa enquanto almoça etc. Se fizer isso todo dia vai acabar tendo mais tempo sobrando para tudo, tempo com os pais, lazer, estudo, amigos, tudo mesmo. Pode acreditar! Assim, o que parecia impossível para você, vai se tornando realidade. Às vezes não dá para diminuir o tempo que você faz as coisas. Então aceite. Mas nunca perca de vista que o que mais importa na vida é a qualidade e com quem você investe o seu precioso tempo.

VALOR

◇◇◇◇◇◇◇◇◇◇◇◇◇◇◇◇◇◇◇◇

Todas as vezes que perdemos, valorizamos. Então, se seguirmos agindo assim, vamos viver miseravelmente. Justamente por isso vou tratar neste capítulo do valor das coisas, não só das outras pessoas, mas de nós mesmos. Vamos começar com nosso já conhecido: amor-próprio. Você valoriza o seu próprio esforço? Como assim, valorizo o meu esforço? Você pergunta... digo, você reflete sobre o que fez? Ou seja, por exemplo, se passa por uma situação traumática, como reage? Tenta esquecer o que aconteceu ou pensa? Se respondeu a segunda alternativa, fico contente, porque creio ser assim que podemos amadurecer mais rápido. Além, claro, de te dar mais empatia. Até alguns meses atrás, eu cometia o erro de não pensar muito no que já passei. Isso me fazia muita falta sem nem mesmo eu próprio perceber. Por isso recomendo: pense no que já fez e no que está fazendo. E seu trouxer mais um ingrediente para a roda, como, amor ao próximo, o que te vem à cabeça? Amor romance, amor familiar, amor amizade (sei como é, já estive na friendzone)... Pois o amor de que estou falando é um que te faz feliz em ver o outro feliz. Mesmo que não conheça essa pessoa. Esse deve ser um sentimento genuíno. Não adianta mentir para si mesmo, hein? Você fica feliz ao ver pessoas ganharem prêmios, medalhas, presentes etc. Mesmo que não te beneficie? Se sua resposta foi sim, isso é muito bom porque todas as pessoas vivas são fontens de energia e isso carrega justamente a você, sabia? E mais, se você faz um favor a uma pessoa e ela retribui, os dois ganham. Lógica simples. Mas não se iluda que todos são assim. Os menos energéticos, digamos, simplesmente vão ver isso como uma fraqueza, algo que te deixa vulnerável. Então não se decepcione, se der certo, fique feliz, se não, continue com a sua vida olhando para frente. E creia, chorar e principalmente resmungar, não servem de nada.

PESSOAS

Há tipos de pessoas muito diversas, algumas que se escondem, outras mais extrovertidas e há ainda as manipuladoras. Este último grupo, quando descoberto, pode nos incomodar bastante. Não acho errado ficar com raiva, mas nunca fico por muito tempo. Ou seja, não levo para o coração, pois acredito que as ações das mesmas são reflexos dos acontecimentos da vida delas. O que quero dizer é que uma pessoa nunca é 100% má nem 100% boa. E se entendermos isso, vamos ser capazes de errar, feio mesmo, e ainda sermos capazes de nos perdoar. Mas o negócio é que você tem que oferecer o mesmo tratamento que dá a si, ao outro. E é aí que mora a dificuldade. Porque é razoavelmente fácil encontrar motivos para justificar o porquê dos nossos erros. Ainda que sejam os mais loucos, sempre achamos uma desculpa, ainda que esfarrapada. Mas e quando é com o outro? Somos mais rigorosos, na maioria das vezes. Algo a pensar... Agora vou falar de outro assunto dentro do tema, vou falar de personalidade. Eu me considero uma pessoa extrovertida, mas já fui introvertido, então, posso opinar dos dois lados, afinal, já estive dos dois lados do balcão. Primeiro quero falar sobre o que as pesquisas indicam: pessoas extrovertidas são mais felizes, e concordo de coração com isso. Se o comportamento fosse uma escolha, eu super recomendaria a você buscar ser extrovertido porque em linhas gerais, só tem a ganhar, afinal os introvertidos tendem a se colocar em uma bolha e serem ou ainda parecerem, misteriosos. Mas não me entendam mal, como se eu quisesse dar pitaco na sua vida. Não é isso. Estou tratando de algo comprovado como a liberação de oxitocina no nosso corpo, proporcionada pela extroversão. Para muitos, uma solução. Mas como essa mensagem não deve chegar a todos, então vou ensinar como lidar com os dois lados da moeda. Recomendaria ter extremo cuidado com pessoas introvertidas, já que na maioria das vezes ficam ofendidas com facilidade tendo em vista que tudo para elas é visto com extrema sensibilidade e pela introversão, não falam. Como lidar então com alguém que fica bravo e você não sabe o porquê? Pois nessa circunstância, o introvertido passa uma ideia a quem está ao seu lado de que fica bravo aparentemente sem motivo. Ele não explica...

Já com as pessoas extrovertidas, recomendo ter cuidado com a quantidade de vezes que as substituem ou interrompem, já que tendem a ser invejosos e vingativos.

PEDRAS

Já se deparou com um pedaço de rocha de imenso tamanho, no meio do seu caminho? Como fez para continuar o seu caminho? Passou por um túnel? Ou contornou a pedra? O fato é, que já que não podemos passar por pedras que não têm túneis ou as tão imensas que não há como contornar, que nesse caso, temos mesmo é que arregaçar as mangas e construir os nossos próprios. Isso é o que vou falar sobre estrutura de túneis. Óbvio que estou fazendo uma analogia: os túneis, aqui, estão representados como ações. Assim, cada vez que encontramos uma nova pedra, temos que construir um novo túnel. E aí vem a pergunta: como construir um túnel? É exatamente o que responderei neste capítulo. Quando se sentir encurralado, tecle 1 para se acalmar, 2 para analisar sua situação e 3 para aprender como evitar isso. Por exemplo, você não tem se sentido bem, tem falhado em interagir socialmente com seus amigos, ser agradável, comunicativo, integrativo? Então ao invés de deixar passar, faça um exercício de memória buscando lembrar os fatos que te levaram a isso. Em seguida, pense em como resolver o climão. Que tal usar uma piada para desfazer o problema? Atenção porque essa dica, só funciona para os meninos (meninas sentem-se ofendidas nessa hora), já para elas, busquem uma solução bem sincera. Elas são intuitivas e sentem.

FELICIDADE

Como ser feliz? Uma pergunta difícil que nem tem resposta definitiva. Sua irmã gêmea é: como encontrar felicidade? Exato, porque já que não somos iguais, o que me traz felicidade pode não fazer nada para você, ou ainda te fazer infeliz. Para algumas pessoas, achar o sentido da vida é achar a própria felicidade. E assim começamos, o primeiro passo. Ter paz pode ser para uns não precisar contar com os outros, ser você mesmo. E se isso for uma verdade para você, não pense que se fizer isso os outros vão necessariamente aprovar. Na maioria das vezes não vão. No entanto, siga, se sentir que esse é o seu caminho. Contanto que não machuque ninguém, claro. Lembre-se sempre, apenas, de não exagerar no tamanho da solidão. Uma maneira de se regular, é tentar agradar os outros à sua volta. Isso certamente te fará feliz também. Mas o que acredito mesmo que vai te fazer feliz todo dia são pequenas coisas, como dar bom dia, ter uma boa comida, ganhar em um game, etc. O que estou querendo esmiuçar é: não vai acontecer algo grande todo dia! Isso eu te garanto... assim, faça as coisas pequenas valerem. Dessa forma, não terá que ficar triste por esperar situações grandiosas diariamente. Essas são como a cereja do bolo. Já reparou como existe um bolo grandão, inteirinho para apenas uma cerejinha? Pois é, é desse jeito que temos que nos acostumar com o nosso dia a dia. Às vezes ganhamos um presente, não todo dia.

Se mantivermos nosso olhar em pensar que estar vivo e com saúde já é um presentão, vamos aproveitar mais as situações cotidianas e quem sabe, os tais presentes aparecem mais rápido? E outra coisa: eu estou de olho na sua playlist, as músicas que você ouve mudam a sua percepção do mundo, não precisa deletar todas as músicas de baixo astral, mas também não dá para exagerar nas de pura sofrência....

QUEIMADO

Já se sentiu cansado, cansado mesmo, como se todas as suas energias estivessem esgotadas, quem nunca? Quando estamos doentes, só queremos afundar na cama e desaparecer, mas, contudo, entretanto, todavia, não podemos ficar na cama o dia inteiro. Concorda que seria uma perda de tempo e de vida? Assim, mesmo naqueles dias que nos sentimos cansados, temos que dar uma "carga" igual a celular na parede e ir à luta. Agora vou falar de quando estamos esgotados por emoções excessivas. Primeira coisa a se ter em mente: não se vitimize nem tente mostrar aos outros que está triste. A maioria das pessoas vai falar: - Está tudo bem? E isso não significa que a pessoa esteja de fato preocupada com você, e sim quer mostrar para os outros que é uma pessoa que se importa, ou seja, não se comova com papo furado. Sei que ouviu por toda a parte: os amigos de verdade são aqueles que ficam com você quando sua vida está para baixo. Concordo com isso, mas saiba diferenciar as pessoas que genuinamente cuidam e gostam de você das que só fingem. Pode acreditar em mim, que há algumas que fingem tão bem que turvam a nossa vista, podemos jurar que estão ao nosso lado na torcida pela nossa vitória, quando na verdade só querem mesmo é sugar nossa energia. E se perceber que seu pseudo amigo era mesmo um vampirinho, não perca tempo relembrando como era quando estavam juntos, procure fazer coisas leves que te agradam, e dormir bastante, assim estará revigorado. Não que isso vá resolver na hora ou no dia seguinte, mas que vai resolvendo de pouco em pouco vai. O segundo passo é não se puxar após esse período, brigando, se encrencando e fingindo ficar feliz. Lembre-se que a verdade nos deixa leves, sempre!

APARÊNCIA

Há um ditado que diz assim: não basta ser a mulher de César, tem que parecer a mulher de César. Pega esse dito para você porque ele serve para inúmeras situações em nossas vidas. E neste capítulo ele está sendo rememorado porque faz muito sentido quando compara situações em que você, apesar de estar falando a verdade, ninguém acredita. Já aconteceu isso contigo? Chega a dar uma sensação de sufocamento, você alí, sendo genuíno, verdadeiro, mas por alguma razão inexplicável, ninguém acredita em você. Pode ser por um olhar, reincidência, ou por deficiência na sua comunicação, ou ainda por ficar nervoso e não conseguir se expressar, por dar aquela gaguejada básica, quando se trata de situações limites. Eu tenho uma notícia para você. Diferentemente do que muitos pensam, as pessoas podem ver suas intenções. E se for uma menina, então, a chance dela quase que ler seus pensamentos aumenta muito. Parece que elas vieram com esse acessório de leitura de mentes, sei lá. Claro que generalizar jamais, portanto, às vezes não percebem nada, mas na maioria das vezes sim... Então, não podemos ficar mentindo consecutivamente, porque se fizermos isso, as pessoas não vão mais acreditar no que dissermos. Eu tento ser uma pessoa de palavra, por mais difícil que isso soe, mas fazendo a conta de tudo o que envolve mentir, eu sou vencedor. Ajo de maneira a só combinar o que posso cumprir. Só prometo coisas que eu tenha a capacidade de fazer. Creio e vejo que funciona, por isso compartilho contigo que se você dá respeito aos outros, eles te respeitam.

PERMISSÕES

Na medida que você xinga uma pessoa, ou fala algo do tipo: nossa, como você é feio! Acreditando que essa frase é apenas uma brincadeira, está na verdade, permitindo essa pessoa te responder: nossa, olhem como ele é burro!

Percebe que esses são assuntos totalmente separados, feiura de burrice? Mas isso é dar a abertura, é permitir que uma pessoa te xingue. Como evitar? Simples, ao invés de brincar negativamente sempre diga positivo, como: que perfume você passou? Isso dizendo em um tom debochado, para não flertar com a pessoa. A menos que sua intenção seja justamente essa... Outra dica sobre permissões é que, descumprir um acordo dá a desculpa da outra pessoa faltar com você também. Pois na maioria das vezes você vai se sentir culpado por não ter feito o que era o certo, e quando chegar sua vez de cobrar, pelo erro do outro, onde é que fica a sua autoridade, já que foi o primeiro a errar? Dessa maneira, um ciclo vicioso pode se formar que, eventualmente, pode arruinar muitos contatos, como amigos, parentes e companheiros. Eu sei que parar de fazer brincadeiras de zoação é impossível. Não estou dizendo para parar, nem evitar, mas para estar preparado para o que suas ações vão causar. Mas se quiser parar de fazer, tudo bem, se não quiser, tudo bem também, é a sua vida. Só cuidado com quem faz isso, pois um comentário que geralmente não fica óbvio de identificar é o que dói.

FRUSTRADO

Quando era menor, caía no mesmo problema todos os dias. Como já disse num capítulo anterior, eu me excluía, de tudo. Não que eu gostasse de ficar sozinho. Ao contrário, gostava mesmo era da sensação de ter atenção, de ser notado. E quando eu perdia a atenção das pessoas, ao invés de buscar a atenção positiva, eu ficava repetindo o mesmo processo de novo e de novo, mas, obviamente, nunca dava em nada. Afinal, quem gosta de quem se isola? Esta é a frustração. Onde o frustrado não entende o que está dando errado. Não percebe o porquê de seu plano de obter atenção positiva está falhando. E aquilo fica girando e girando na sua cabeça, e não te deixa ficar em paz. Roda, circula e te perturba, atormenta, e te deixa desconfortável. Quando estiver nesse estado não deixe sua mente conturbada com outros problemas. Tente manter uma mente limpa calma, relaxada, assim vai poder identificar essa pedra no sapato. E, às vezes, talvez seja bom você parar de se esforçar tanto naquilo. Não que seja algo bom, mas algo que vai te ajudar a se acostumar. Não torne isso um hábito, você vai ter que aprender a lidar por conta própria, não há nada que diga que se aplique perfeitamente a você. Mas quando, por exemplo, está simplesmente sem ideias, dormir, descansar o seu cérebro é essencial, isso vai te ajudar a refrescar sua mente...

DAR E RECEBER

Há um conceito básico que muitos falham em entender. Não é porque você é legal para uma pessoa e a trata bem, que ela vai te achar uma pessoa bacana, e nem gostar de você. Simplesmente não funciona assim. Às vezes as pessoas têm inveja de você por uma coisa que você tem que nem se dá conta, que nem liga. Por algo que possui, tanto emocional, quanto físico. Pode acreditar! E mais... nem tente identificar o que é isso, e nem fique bravo com a pessoa. Não adianta. Simplesmente aja normalmente na frente do invejoso, pois para esse tipo de comportamento, não há segredo ou macete. O que posso dizer nesse caso é: não se mude pelas pessoas, mude por si próprio e faça as pessoas adorarem quem você é, assim vai construir uma relação verdadeira, não digo que vai ser duradoura, e sim algo que você pode ficar à vontade com ela, e ela a vontade com você. Para comentar sobre os benefícios de uma relação dessa forma, temos que entender o que isso causa nas pessoas. Ter uma pessoa para desabafar verdadeiramente, ouvir e falar. Esse equilíbrio perfeito geralmente é encontrado na família. Mas também vejo casos em que é justamente lá que acontecem os grandes atos de inveja. Quando for assim, temos que buscar apoio fora desse ciclo. Essa circunstância é mais rara, mas acontece também. Portanto, busque não esperar nada de ninguém, mas sempre esteja preparado para receber a gentileza dos outros.

SOBRECARREGADO

Todos já sentimos isso. O sentimento de não conseguir lidar com nossas tarefas, refiro-me às obrigações. Até recentemente, eu não sabia desistir, não sabia a hora de parar de jogar videogame, por exemplo. Pode até se dizer que me achava o homem invencível. Aquele que não se importava o quanto minhas próprias atitudes poderiam me prejudicar. Ou quantas horas de sono irrecuperáveis eu iria perder. Eu sempre agiria repetindo a mesma rotina. Não estou dizendo que tive uma vida difícil e sofrida, só quero dizer que o que estava fazendo era demais para mim. É natural que tenhamos nossos limites, aqueles que não devemos extrapolar. Alguns sinais de que você está sobrecarregado são: não descansar direito, odiar sua rotina, estar constantemente cansado, bocejando, com dificuldade de se concentrar ou entender uma ideia simples. Percebe que em cada um desses temas a sua vida estará muito prejudicada, pois tudo isso te leva ao cansaço, a uma exaustão? E como já retratei, essas sensações são verdadeiras pedras no sapato, coisas que, se estiver sentindo, mude imediatamente. Esse assunto é extremamente importante, senão não teria gasto dois capítulos inteiros do meu livro para explicá-lo. É extremamente importante sempre tomar cuidado com esse equilíbrio para nunca se sobrecarregar, e jamais fazer menos do que pode.

BATIDAS

Já parou para pensar o quanto você é bipolar? Ok, bipolar não é o termo certo, instável seria melhor. Agora, você provavelmente entende do que eu estou falando. Imagina que acabou de acordar em um domingo, se sente feliz, não? Claro que sim, quem não gosta de um domingo gostoso, mas assim que acorda olha para o seu celular e não vê nenhuma mensagem, e logo pensa: ai que saco, que dia horroroso. Tudo bem que alguns não pensariam assim, há sempre exceções. Mas a mensagem que quero transmitir já foi passada. Ou seja, por algo superficialmente insignificante ficamos chateados e tristes injustamente, por estarmos olhando para o lado errado. Porque se virarmos o pescoço num suave movimento, vamos ver quanta coisa boa há a nossa volta para celebrar... é como se fossemos batimentos cardíacos, ou ainda o 'inspira e o expira' das narinas. A minha e a sua vida serão assim, não há nada que possamos fazer para mudar isso. E ter essa consciência nos traz paz. Porque percebemos que é unânime, é com todos. E se os outros estão administrando bem, por que justamente conosco será diferente? E isso é a beleza da vida, estar triste em um dia e feliz no outro. Sempre se lembre: depois de uma tempestade vem o sol. Enfim, lembre-se de manter um balanceamento: não tente procurar a felicidade, deixe que ela venha até você.

FALHAS

Imagine colocar tudo de você, seu coração mesmo, em algo, e aquilo dar errado? Daria vontade de chorar, não é? Pode ser um projeto, uma viagem, um namoro... fato é que não dá para ter 100% de certeza que algo vai dar certo. Até se você sentar no vaso sanitário é um risco, pois poderia haver um pedaço de louça mal encaixado, que perfurou sua coluna vertebral te deixando paralítico... soa trágico, mas a historinha é real, sabia? Conheço uma pessoa com quem aconteceu isso... Agora, imagine lidar com pessoas que são tão imprevisíveis tanto quanto uma roleta-russa? Temos que verdadeiramente rezar para que a pessoa esteja, em um dia bom, de bom humor e mais importante de tudo: goste da sua cara. Sobretudo se você de alguma forma depende dela. Seja um inspetor do colégio, a diretora, ou ainda um chefe. Se não, provavelmente vai se decepcionar com os resultados. Assim, acho que dá para entender por que falhamos muito. Mas isso não é necessariamente algo ruim. Sei que já ouviu por toda a parte: somos feitos de nossos erros. Mas também somos feitos de nossas vitórias, então quero dizer, não pense, quando errar, que está tudo bem. Busque, com muita força, não errar muito, isso não faz bem. Capriche, concentre-se, tente pensar e visualizar o resultado antes mesmo de começar. Esse é um ótimo exercício para eliminar possíveis contratempos. Acumule méritos, conheça pessoas, faça um currículo. Assim, não vai cair de paraquedas na vida adulta. Eu mesmo já caí no buraco de ficar aceitando meus erros como se não fossem nada. Agora, quando errar, tire proveito deles fazendo uma retrospectiva do porquê daquilo ter saído errado. Isso vai diminuir a sua chance de cair novamente no mesmo buraco.

VIVER NO LIMITE

Viver em risco é fazer o exato oposto do que ensino no meu livro. Todos os valores que tento passar aqui são de paz, equilíbrio e amizade. E viver no limite é desperdiçar a própria vida. Então, quero usar este capítulo para discutir o quanto isso é prejudicial para sua vida. Primeiro, sua vida irá parecer um caos, que não tem início, mas sim, terá um fim. Que posso te assegurar, na maioria das vezes é trágico. Porque este tipo de pensamento e estilo de vida são extremamente prejudiciais para todas as suas escolhas. E vou deixar uma metáfora aqui para você visualizar. Sabe o velocímetro de um carro, que vem marcando a velocidade que o veículo está? Você já reparou que quando os números ultrapassam o permitido eles mudam de cor e ficam vermelhos? Pois é. A intenção é estabelecer um limite, mostrar que a partir daquela barreira, a coisa fica perigosa podendo ser sobretudo mortal. Eu poderia passar o capítulo inteiro explicando, mas quero que identifique por conta própria, assim poderá melhorar. Não posso, infelizmente, olhar através das páginas. Então, algumas coisas você vai ter que aprender sozinho. Não crie dependência em livros, use-os para aumentar suas experiências. Como fazer isso? Se essa pergunta passou por sua cabeça, deve estar pulando páginas, pois estou justamente dizendo isso. Não sei de tudo e ninguém sabe. Sei que a maneira de se aprimorar é olhar para si e fazer uma reflexão profunda. Tenha uma visão profunda sobre si, assim terá uma mente e uma vida em paz.

AMIZADES

Como já retratei, você é o produto das pessoas com quem mais convive. Assim, cuide, e muito, das boas amizades. Exato! Aposto que quer mais detalhes sobre o assunto. Primeiro, não descarte pessoas. Mesmo que elas sejam irritantes, talvez elas não tenham tido a chance de ler um livro como esse que você está lendo... rsrs, mas podem, apesar de serem do tipo que irritam, ter boas intenções e bom coração. Não descarte amizades à toa. Desenvolva um alto grau de tolerância. Descartar uma amizade pode ser prejudicial no futuro e para o resto de sua vida. Às vezes, o chato e bobo de hoje, vira o agradável e bacana de amanhã. Não temos como saber em quem nossos amigos vão se transformar no futuro. Além de que ser tóxico com pessoas, é tóxico para si mesmo. Quando os outros observam que você está tratando alguém mal, se sentem na obrigação de defender a outra pessoa, mesmo que ela esteja errada, justamente por se tratar de uma injustiça aos olhos alheios.

CONSCIENTE

Quero e preciso ser bem honesto contigo: às vezes, não consigo cumprir tudo que devo fazer, tudo que deveria fazer. Não por falta de tempo, mas por preguiça. E quero que entenda que você também não vai conseguir, às vezes. Não quero te colocar para baixo não! Ao contrário. Quero simplesmente relembrar que somos humanos e, por vezes, temos vontades que são contra nós mesmos! Não quero passar a noite estudando, e não vou, tenho a capacidade de escolher, e provavelmente vou jogar ao invés de estudar. Não posso imaginar que você lerá isso e esperar que obedeça o que falo. Mas vamos tomar a decisão mais lógica em nossas vidas, só quero estar consciente do que estou fazendo de errado. Talvez seja muito difícil parar de procrastinar, sempre vamos fazer isso. Eu entendo de verdade, já fiz muito isso por toda minha vida. E na verdade, me arrependo. Não quero me vitimizar e nem que você faça isso, quero que aceite, aceite que não vai poder se programar perfeitamente, afinal, temos vontade própria! Não dá, tente aprender isso. Quando não puder estudar e nem fazer dever de casa, não é culpa de ninguém, a não ser sua. Não importa o que tenha acontecido, você teve uma chance, só não fez, o que é humano. Não leve tudo nas suas costas como se fosse um fardo, isso só piora sua culpa. Sempre que errar, siga de cabeça erguida. Sem duvidar de suas capacidades, você consegue. Pense o que furará a pedra: água ou uma corrente de água constante? Claro que a constante. Na vida não ganha quem faz as coisas mais rápido ou mais bem feito e sim quem insiste, e não desiste. Como definir o seu limite? Simples: é até onde você quiser. Um homem ficou com o braço levantado até atrofiar, então imagina a força interna que isso exigiu. Nada fácil de dimensionar, não? Claro que você pode fazer o mesmo, não recomendo que use essa força para outras coisas, é só onde se aplicam suas energias que determinam o rumo de sua vida.

XADREZ

A vida parece muito com o jogo de xadrez, não acha? É como se todos nascêssemos peões, alguns na frente e outros atrás, e quando chegamos ao final da batalha, ganhamos uma liberdade de podermos nos tornar qualquer peça que quisermos. Me lembra o jogo da vida. Pois, não dá para um peão andar para frente quando outro está na posição contrária, ou seja, dois peões que querem chegar ao final se encontram e nenhum quer atrapalhar o outro, mas no nosso caminho, se não nos cuidarmos emocionalmente, podemos acabar deixando uma trilha de calamidade onde passamos. Mas não importa que métodos usamos, o que importa é onde conseguimos chegar no final, certo? Bem, há quem diga que sim, mas se você escalar o monte Evereste, o que vai valorizar mais: como chegou lá ou aonde chegou? Exato, o que importa é a jornada, não aonde chegou. Se fosse importante o lugar onde termina, estaríamos falando de xadrez, que o único objetivo é dar o xeque-mate. Mas quando falamos de vida real, falamos mais sério. Para chegar no topo e mostrar ao mudo que venceu, qual é a importância disso? Exato! É algo para desperdiçar sua vida, não há razão de fazer todo trabalho só por fazer. Percebe como isso é vazio? Aproveite enquanto pode, viva o seu melhor e o que pode ser. Dê o seu melhor. Não importa se for algo que não te interessa, tipo escola, trabalho, sempre faça tentando o seu melhor na hora. Valorize sua vida hoje, assim vai ter um motivo para ficar feliz.

LIMITE?

Você se lembra da última vez que trabalhou duro? Não estou falando da enganaçãozinha que você faz consigo próprio achando que trabalhou duro não... estou falando de um limite bárbaro que tenha atingido. Ou algo que você acha que é um limite. Sabe por que digo isso? Porque o limite mental não existe. Ou não podemos chegar perto dele. Assim, o que quero dizer é que não vai chegar ao seu limite nunca. O que é um limite? É alguma fase que está agora, o humano se adapta a tudo. Tanto ao bom, quanto ao ruim. Se você mora em um apartamento de R$ 84 reais por mês, sua mente vai amar o local. Mas se sua condição melhorar e for para um de R$ 1 mil, vai se lembrar de onde morava e vai amar esse novo local. Mas se algum dia voltar nesse mesmo apartamento no mesmo estado, vai desprezar e ter nojo da região. Assim também serve para o esforço: se estudar três horas por dia já é um sufoco para você, mas, se se forçar a praticar isso, em pouco tempo, aquelas três horas serão tempo de sobra. O que quero dizer com isso é que temos que quebrar a barreira que nos segura. Não é fácil, vamos ter que dar cabeçadas até passar. Mas tudo vai valer a pena. Imagine as possibilidades, estudar ou trabalhar por oito horas consecutivas concentrado, assim seus dias vão render muito mais e também vai ser capaz de eliminar a procrastinação, de sua e de outras vidas. À medida que outros vêm ver seu sucesso, vão começar a almejar algo parecido para vida deles.

NÓS

Acho que o ser humano é o segundo maior inimigo da humanidade. Já começa a manipulação desde o ponto que o bebê começa a chorar. Alí, já está o pequeno começando seu show, manipulando os adultos para conseguir o que quer. Isso é natural, já que sem essas habilidades não haveria comunicação. Por exemplo, quer fazer um acordo em que duas pessoas ganham? Acontece que a coisa que seu alvo tem, pode ser vendida por mais do que você está oferecendo, então a pessoa troca o produto dela e ainda agradece, e aí a pessoa nem percebe o que perdeu. Portanto, está feliz, já que ganhou algo beneficial para sua vida. Esse movimento está acontecendo constantemente em nossas vidas. Vamos dizer que você está acima do peso, quando fica cercado de pessoas teoricamente positivas, sempre dizendo que não, está tudo bem, seu corpo não precisa de mudança. Esses elogios, claro, podem te deixar feliz e crendo que não está obeso. No entanto, assim que você sai dessa bolha e se depara com pessoas do mundo real vai se sentir horrível, gordo. Então, não deixem te iludir, tenha discernimento próprio, procure as pessoas que são positivas e realistas, não as que te fazem sentir bem. As famosas bajuladoras. Elas podem ser co-dependentes. Imagine outra situação hipotética em que o seu namorado, ou namorada, bebe, chega em casa e cai no chão desmaiado. Aí você vai lá, leva ela(e) para a cama, troca as roupas dela(e) e cuida dessa pessoa. Na manhã seguinte, você percebe que gostou dessa situação, de ter o controle. Então, começa a comprar bebidas, para quando chegar de noite ela beber e o processo se repetir. Mesmo vendo que a pessoa está cada vez bebendo mais e mais, até que ela vira alcoólatra. E você causa um dano permanente na pessoa, isso é a co-dependência, nem sempre vai ser algo tão sério como bebida, mas pode ser algo como: comida, jogos, jogos de azar, etc... Só saiba identificar essas interações e cortá-las.

ÓDIO?

Cara, vai chegar um momento de sua vida que cai a ficha e você vai ver a consequência de todas as suas ações e vai pensar que está tudo errado, que sua sala te odeia, que sua família te odeia, que sua cidade te odeia, que o mundo te odeia, e, pior, você começa a se odiar. Como fui tão idiota? Como *eu* deixei chegar nesse ponto? E fica pensando como é tudo sua culpa, que sua vida foi desperdiçar até esse ponto, que a vida do seu amigo é melhor. Deixa eu contar uma pequena lição: todos temos nossos problemas, mesmo que você não veja, o seu colega está sofrendo tanto ou mais que você. Todos somos assim, imperfeitos. Não há uma pessoa que fique bem para sempre, e também não dá para ficar agindo do jeito que você tem agido. Procure a mudança, não precisa impressionar ninguém além de si mesmo. O único que pode fazer você mudar é você. Acho que muitos não entendem isso. Se eu fosse verdadeiro, diria que a opinião dos outros não tem valor algum. Também incluiria para parar de ligar sobre o que as massas dizem sobre o que e quem você é. Mas sei que muitos ainda vão ligar, não importa o quanto eu avise. Então vou tentar dizer a mesma coisa em uma maneira diferente. Não deixe os outros projetarem as energias deles na sua. Se você está feliz, não deixe que te façam triste principalmente com mentiras, que não importa o que aconteça, de noite, antes de dormir, não se esqueça de dizer para si mesmo: Amanhã *vou* ter um dia melhor, e ter mesmo! Levante com felicidade! Se acordou achando que o mundo está contra você, junte-se a ele, e depois o devore! Não com maldade e sim com inteligência... se todos têm problemas, os que te provocam estão mais ferrados que você, já pensou nisso? Se não, por que outro motivo um ser teria de tentar tirar um sorriso do rosto de outro? Lembre-se: não sinta ódio e sim, pena.

PENA?

É natural, eu sei que todos somos seres humanos. Todo dia, todos temos pena de outros... E isso é algo bom. Ter empatia, se colocar no lugar do outro. Mas é essencial sabermos a hora e o local onde estamos fazendo isso. Pois não é bom manter uma relação, quando olhamos para nossos amigos sentindo pena. Acabamos não gostando da convivência, não é? Não me leve a mal, podemos até ficar do lado, mas vai ser por pena e não por desfrutar. Entendeu? Não podemos desfrutar quando achamos que estamos fazendo um favor ao outro e não a nós mesmos. Mas não podemos sentir pena? Não, podemos ser solidários, mas se ficar pesado pelo peso dos outros, você vai ser o mais pesado, e os outros vão te deixar para trás. Mas, o que devo fazer quando meu amigo estiver abalado, chateado e decepcionado? Seja solidário e, dependendo do amigo, tente ajudar não dizendo: se acalma, tudo vai ficar bem. Isso não ajuda e nem atrapalha. Aborde a pessoa com sensibilidade, mostrando que está aí para ela, mas não a vitimize, isso só piora o estado dela. Quando temos pena, acabamos olhando a pessoa para baixo e, assim, não podemos absorver tudo que a pessoa necessita naquele instante. Dessa maneira, perdemos conhecimentos valiosos. Todos podemos aprender algo com qualquer um e, assim, não podemos abrir mão dessas experiências em que nosso carinho pode ser fundamental para o bem-estar do outro.

O PODER DO DIZER

Você é o que você diz. Esta frase está parcialmente correta, pois suas ações também têm grande importância na maneira que as pessoas te enxergam. Para ser honesto, essa é só a maneira como as pessoas vêem a sua pessoa, isto é a opinião subconsciente delas sobre quem é você. Mas as opiniões dos outros não devem te afetar, você não deve se incomodar com isso... Sei que é uma verdade, que gostaríamos de ter uma boa reputação, ter amigos, conexões etc... então, para tê-la, temos que agir de acordo. Sermos educado com os parentes dos outros e os seus... respeito é algo essencial, principalmente com os mais velhos, lembrando de nunca ir para casa de seu amigo achando que é sua! Não vai chegar lá e tirar seu tênis com chulé perto da mãe dele, dormir no sofá da sala, não fazer sua própria cama e nem deixar seu prato na mesa. Tudo isso é senso comum, sentia que deveria tirar isso do peito. Mas o que passo para esse capítulo é que temos que identificar o humor das pessoas que nos cercam e agir de acordo. Sendo que nem água, se ela entra em uma xícara, fica no formato dela, em um galão se reacomoda no novo recipiente. Então, sejamos adaptáveis como a água. Que saibamos nos conformar de acordo com o vaso que nos acomoda... E, por fim, não haja raivoso com uma pessoa que está triste, mas não precisa ser falso, de novo, só saiba o momento das coisas.

TODO MUDO É IGUAL

Vamos lá, os bilionários de hoje em dia. Qual a diferença entre eles e você? Além de US$ 200 bilhões, idade, experiência, malícia, rotina, país, bairro, cidade, estilo de vida, personalidade, sonhos, inteligência emocional, aparência, voz, etc... não tem nada de diferente entre você e eles, se você entende que nada te impede de ser como são, ou até mesmo, quem sabe, melhor que eles, vai saber do que estou falando... Quantas vezes as pessoas dizem que não dá, que é impossível? Quantas vezes você já ouviu que não é bom o suficiente. Só para meia hora depois você se empenhar se dedicando e colocando toda sua força naquilo que foi dito ser impossível e torná-lo possível? Isso é provar que sim, você podia e era muito melhor que o zé ninguém que te subestimou. Sim, as pessoas vão te desmotivar e te colocar para baixo, mas é seu trabalho se motivar e escalar mais alto. Já disse que não é sobre olhar sobre como você chegou no topo do mundo e ganhou, mas sim olhar para baixo e ver o quanto escalou, não que ganhou de quem te despreza, é saber como ganhou mesmo com essas dificuldades. Dito isso, acho que vou me mover para o assunto principal: todo mundo é igual... Sim, é verdade, mesmo sendo mentira, porque todo mundo é diferente, e se todos somos diferentes então ser diferente é igual, complicado, né? :). Mas o ponto que quero chegar é que nada te torna melhor ou pior que ninguém, vocês são dois seres humanos que devem se respeitar no mesmo nível. Respeito é fundamental para qualquer um, tirando da frente quem não te respeita. Não exalte quem te trata mal, porque quem te trata bem ficará encorajado a fazer o mesmo. Mas sempre se lembre que você não é superior a ninguém e ninguém é superior a você. É fácil as pessoas olharem para cima e tentarem te derrubar, mas eles não podem escalar para te derrubar, então usam das palavras. É seu dever usar nessa hora o ouvido seletivo para só ouvir a música que vai te ajudar a continuar a subir.

NINGUÉM VAI TE MOTIVAR

As pessoas até podem te motivar, mas viva sem esperar que elas façam isso. Quando temos pena de nós mesmos, pensamos: nossa como eu queria fazer tal coisa..., como eu queria, mas não me dão a razão de fazer, poxa só queria melhorar minha vida, o que não me dão razão para tal..., como eu sou infeliz, não, não, não importa sua condição, mas se quer mudar você pode e se quer estudar também pode, a sua única prisão é sua própria mente. Às vezes, abrir mão do seu tempo livre te faz ter todo tempo do mundo no futuro, sabia? Às vezes, temos que sacrificar o prazer pelo conhecimento e a vida pela paz, e nem assim vamos ter tudo que queremos. Aprendemos a conviver com isso, assim, não teremos que sofrer tanto. O que quero dizer é que se não se levantar para estudar, suas notas não vão melhorar, não aparece um anjo repentino que vai falar: estude, trabalhe, dê o seu melhor. Você não tá sozinho, mas se não trabalhar quando os outros não estão olhando, quando só está você consigo mesmo, o mundo vai se isolar de você, na verdade o contrário. Você vai achar que o mundo está se afastando de ti mesmo, vai achar que todos olham para ti vendo uma oportunidade não um amigo. Eu já estive nesse buraco e posso dizer que, naquele momento, eu achava que só importava o que as pessoas viam de mim, claro que não! Você como ser humano, tem que criar autoconfiança, força interna e respeito por si mesmo. Não adianta ser o melhor dos amigos, melhor dos namorados, mas ser isso só quando outros olham. Não precisa ser agora, essa mudança pode acontecer quando estiver disposto a se valorizar como ser humano. E isso não significa ter ego, ou ser orgulhoso, isso só te atrapalha na sua jornada, fechando portas. Por quê? Não precisa ser difícil, vai levando aos poucos, não pode criar esses valores essa noite, mas ao longo de sua vida. E se acha que procrastinar é uma escolha - ah, ok amanhã eu faço! -, então vai demorar um pouco mais até que possa aplicar o que ensinei. E se algum dia se sentir disposto a mudar seu estilo de vida, releia este capítulo.

PREPARAR PARA PERDER

Sempre temos o momento em que está tudo bem, tudo em paz e feliz, mas como uma trama do destino, de repente, vem uma tempestade de problemas, nunca um só, mas vários. E digo isso, porque quando acontece, em geral, nos sentimos meio desesperados, nos achando praticamente uns condenados. Então, se isso te acontecer, essa nuvem de tempestade baixar, saiba que acontece com todo mundo, você não foi um escolhido... Assim, alguns ficam depressivos e chateados achando que foram sorteados na loteria do mal. Repito: isso é algo que passa com todos nós. Mas a boa notícia é que podemos buscar transformar esse sentimento numa mera ilusão se pensarmos que problemas geralmente não caem do nada. Há sempre uma causa. E exercitarmos uma forma de pensar assim: tendo em vista que teremos que lidar com questões difíceis por toda nossa vida, tentemos pensar num momento desses, que ficar depressivo é uma escolha, não obrigação. Assim, mesmo com certo esforço, busquemos a paz. Respire fundo várias vezes para tentar oxigenar seu cérebro e obter uma sensação que possamos nos distrair, ainda que momentaneamente, de nossos problemas. Até porque com esse exercício, quem sabe, um pouco de distanciamento o fará encontrar uma solução? E quando busco uma explicação para a tal da nuvem aparecer, vejo que o que realmente acontece é que nós, muitas vezes, nos deixamos esquecer nossos problemas, assim eles acumulam. Aí chega um momento que estala toda aquela avalanche nas nossas cabeças. É quando sentimos esse desespero. Achamos que não dá para resolver. Alguns de nós pensam verdadeiramente coisas como: "não quero morrer, e nem continuar vivendo dessa forma" ou nos preparamos para a morte, parece que é uma dor só sua, que só você sofreu. E escrevo isso com um sorriso no rosto. Não de deboche, mas de felicidade de poder guiar as pessoas para escapar disso. Se fosse parar para contar quantas vezes isso aconteceu comigo, iria fazer outro livro com provavelmente milhares de páginas só contando minhas derrotas. E assim quero que saiba, não vou parar de sentir isso, mas vou evitar. Não sou mágico nem vidente, não sei fazer as coisas desaparecerem, nem opero milagres, mas sei curtir minha vida e ficar desesperado, ficar feliz, ficar triste, chorar e rir. Isso não tem preço. Quero que saiba que não precisa ser o melhor do mundo, porque isso é se comparar aos outros, tente ser o melhor para si mesmo. Isso significa que vai gastar o seu tempo com coisas inúteis? Sim, isso faz parte de viver, tem que ser feliz, mas também tem que ser sério, isso significa que não pode ser feliz enquanto está sério? Não, pode andar concentrado, mas curtindo, e isso não precisa ser um esforço. Nem tudo que é bom precisa de esforço.

OPORTUNIDADES

Muitas vezes perdemos coisas "imperdíveis" como: festas, eventos escolares, rolê. Enfim, algo que ficamos com aquela dor no coração quando perdemos. E sim, é muito chato quando não podemos ir para essas coisas, mas de vez em quando temos que deixar o cobre passar para pegar o ouro. A verdade é que essas festas não são nada comparadas às "festas" do mundo adulto. Me refiro aos contratos que os adultos têm que fazer. Por exemplo, se perder o prazo de uma conta, vai pagar em juros, e isso é muito pior que simplesmente não encontrar seus amigos em um aniversário. Vamos dizer que a sua conta de luz é R$ 1 mil, e com juros de um dia ela começa a valer R$ 1,2 mil, exato R$ 200 a mais. De primeira, pode não parecer algo grande, mas pense se todo mês você perde essa quantia, no fim do ano terá perdido R$ 2,4 mil, isso mesmo! Se você ganha R$ 10 mil por mês, que já é uma quantia alta no Brasil, basicamente ¼ desse dinheiro foi gasto só em juros, isso sem contar com as outras despesas adicionais. Mas esse capítulo é para falar sobre oportunidades. Não tragédias... todo dia temos tantas roletas-russas... lembro de que hoje mesmo eu tropecei, totalmente sem equilíbrio, ia bater de cara no chão. Mas não sei o que aconteceu que eu de repente me joguei para frente e coloquei o meu pé para me segurar e acabei saindo sem um arranhão. Percebe isso? Quais eram as chances de meu instinto ter falhado e eu ter me esborrachado no chão que nem queijo? Exato, inúmeras vezes o que acabou acontecendo foi uma oportunidade? Creio que sim, pois tive a chance de continuar meu dia e escrever essa história. Mas como algo tão pequeno assim me fez concluir tanta coisa? Sim, por uma migalha que me considero sortudo. Imagine que te chamem para trabalhar. Isso não seria incrível só pelo fato de poder começar a acumular experiência e conhecimento, mas essas são as oportunidades, uma chance em um milhão de ser você, mas ser justamente você. Não que seja melhor que ninguém, só estava no local certo, na hora certa, com as pessoas certas. E o mais importante de tudo: preparado, porque de nada adianta ser convidado para assumir alguma posição que você não vai dar conta. Aproveite o máximo disso, não é porque tudo te foi dado de mão beijada, que você tem que se subestimar. Aprenda a ver oportunidades e entrar nelas.

DANIFICADO

Já falei sobre o Síndrome de Burnout, que é estar esgotado. Mas agora gostaria de falar quando estamos de saco cheio de tudo... quando a nossa rotina está insuportável, devagar e repetitiva. Há momentos que não tem jeito mesmo. É pura repetição, porque sim, temos muitas vezes que fazer a mesma coisa de novo e de novo. O resultado, portanto, será sempre esse, entediante. Quando nos encontramos nessa situação, geralmente aplicamos uma dose de aceitação e esperamos isso passar, mas, sinceramente, acho que esse não é o melhor método. É bem melhor acabar com essa dor mesmo, posso te dizer que tudo pode ser mudado com um ponto de vista diferente. Ao invés de odiar sua rotina e ficar desanimado, faça o mesmo, só que invista toda sua energia nisso e vai ver que tudo vai mudar. Não vai ter que ficar assim para sempre, só fique motivado o suficiente e faça o suficiente para motivar os outros também, além de se motivar, vai viver uma nova nuvem de alegria dos outros também. Quando começar a fazer isso, a felicidade virá logo depois.

TÉCNICAS DE ESTUDO

Recentemente, comecei a usar técnicas de estudo que aumentam o meu desempenho como estudante. Não estou aqui para falar sobre como fazê-las e sim como isso afetou minha vida. Primeiro o Pomodoro, que é uma ótima escolha. Recomendo que tente fazer, pesquise no Google como executá-la. Mas vou te dar o conceito geral: 1º passo, baixe o app do Pomodoro no seu celular, 2º divida suas atividades, e de 25 e 25 minutos tenha uma pausa de cinco minutos, após um hora tenha uma pausa de 20 minutos. Como eu disse, não especifiquei muito. Mas tente se acostumar com elas, vão te ajudar muito no futuro. Tanto que fiz um capítulo inteiro para falar disso. E não tenha medo de criar seu próprio calendário, por exemplo: Ah, vou estudar um hora por dia, 30 minutos à tarde e 30 miutosn à noite. Só tenha a certeza de que está surtindo efeito. Mas se isso não funciona para você, quero falar que não está perdido, mesmo que uma pessoa leia todas as páginas de um livro não significa que ela vai saber o básico da história. Depende de há quanto tempo essa pessoa leu o livro, e principalmente de quanta atenção ela dedicou ao ler a obra. Mesma coisa com estudo: não adianta saber, tem que praticar. Se fizer uma prova sabendo que vai ter dificuldade em questões práticas, é melhor estudar pouco e praticar muito, do que estudar muito e praticar pouco. Praticar pode não parecer, mas é estudar sim! E, por último, qual é o segredo para ter uma leitura atenciosa, que na hora da prova você se lembre detalhadamente dos detalhes? É bem simples, não saia copiando tudo que está escrito em seu livro, leia antes de copiar e depois copia. Muitas vezes quando nós copiamos, estamos lendo DUAS VEZES, ou seja, seu cérebro vai se recordar muito melhor daquilo que leu e releu quando copiou.

SEJA HILÁRIO E SÉRIO

Muitas pessoas têm a visão de que elas ou são engraçadas e legais, ou são sérias e chatas. Indo direto ao ponto, essa afirmação é falsa. E para alcançar as duas coisas precisamos de bom senso, de humor e senso espacial. Saber onde está e a situação em que esta é essencial. Principalmente se quiserem ser engraçadas. Porque nesse caso, muitas pessoas acabam se tornando as chamadas: bobas da corte, alguém que ninguém leva a sério. E mesmo que você seja uma, essa técnica também se aplica a você. Para deixar de ser a pessoa que ninguém leva a sério é um clique. Assim como para virar uma e voltar a ser também é um clique. Ok, para as pessoas rirem das suas piadas encontre o seu tom, ou seja, cultive o seu senso de humor. Torne isso algo único em você, diferente. Introduza algo novo no grupo de amigos que você frequenta. E, agora, a parte mais difícil, saiba o momento. Já viu um mágico repetir o mesmo truque duas vezes na mesma festa? Não? Nem eu! O fato de que uma piada só pode ser contada uma vez em uma roda de pessoas, não significa que não possa repetir a mesma piada. Só precisa ser com outras pessoas! Mas isso nos leva para o próximo problema. Saber em que roda está falando isso. Nem todas as pessoas têm o senso de humor igual ao seu, algumas podem rachar de rir, outras podem não achar graça nenhuma e outras podem ainda se sentir ofendidas. Isso pode parecer difícil de materializar, mas é fácil. Saiba sentir o clima e senso de humor das pessoas. Isso nos leva ao último tema: fazer piadas sem parecer um palhaço. Aqui não é questão de fazer poucas piadas, e sim questão de saber ficar sério. Sabe quando a professora está explicando um trecho e os alunos devem ficar quietos e prestando atenção? Há uma situação igual em conversas. Quando um colega está explicando algo, não o interrompa com uma piada, mas adicione ao que ele está falando (se souber do assunto) e comece a contar uma história de sua vida e, no meio, pode adaptar um trecho engraçado, para as pessoas rirem. Assim, vai aumentar a graça da conversa e fazer fluir mais naturalmente.

SEJA SILENCIOSO SOBRE O SEU SUCESSO

Quando conquistamos algo grande, ficamos super excitados, animados, principalmente se a conquista for uma daquelas que você demorou muito tempo para obter. A vontade que dá é de sair contando para todo mundo, gritando sobre como somos incríveis e sempre alcançamos nossos objetivos. Mas o fato é que o ser humano tem inveja, e isso nos ensina a não agirmos assim. O ato dever ser mais leve. Devemos nos gabar com pequenas iniciativas, por termos essa consciência. Mas, imperfeitos que somos, às vezes deixamos alguns suspiros de alegria passarem. Tudo bem que você não precisa esconder por completo o que você tem, e sim fazer com que as pessoas entendam que você tem por que conquistou com esforço. Assim, elas podem diminuir a raiva. Vamos começar com um exemplo bem prático. Você chegou na escola e acabaram as semanas de prova. Portanto, essa semana você e seus colegas recebem suas notas. A professora entra na sala e tem aquele ar de silêncio que chega a dar dor de barriga. A chamada começa: a, b, c... a letra do seu nome... você chega na frente da professora achando que se você tiver tirado 2 é muito. E olha sua nota... 28 de 30. Uma nota ótima! Então você olha para a esquerda e vê sua amiga chorando, para frente o menino arrancando seus próprios cabelos em fúria, na direita o espertinho da turma se vangloriando, com atitude que é melhor que o resto... só de olhar para ele já sabe sua nota... Gabaritou. O que deve fazer? Simples, volte para seu lugar com cara normal. Como é normal? A mesma cara que estava fazendo antes de ser chamado pela professora. E se perguntarem quanto tirou, fale: graças a Deus 28, senão meus pais já iam cortar meu banho quente por um mês. Ou diga qualquer trocadilho tosco. Se não perguntarem, melhor ainda, mas não minta! Porque há mil maneiras de descobrir. Além, por óbvio, do professor saber. Fora que mentir vai dar a impressão errada sobre você. Também não deixe as pessoas saberem dos seus podres. Se eu me apresentar no meu estado natural para milhares de pessoas, poucas vão querer ser minhas amigas ou me ajudar, isto é, se eu aparecer todo fedorento, ferrado, com roupas destroçadas, as pessoas não vão se interessar por mim. Justo. Mas se o contrário acontece, e eu estivesse limpo, bem trajado e mostrando confiança as mesmas pessoas iriam se interessar por mim. Não quer dizer que precise ficar assim o dia todo. Para se apresentar às pessoas e causar uma boa impressão é necessário um pouco de esforço. Quando as pessoas não têm interesse em você, conversam de má vontade e de mau humor. Acontece que desse modo não podemos nos envolver em uma conversa verdadeiramente interessante. Por isso que sempre que for se apresentar num ambiente novo, terá que caprichar no melhor lado de si. E, assim que se engajar em uma conversa, vai ter formado um laço estável. A partir daí, a pessoa já não vai mais ligar se você é bonito, feio, gordo ou magro e, sim, sobre o assunto que está falando. Então, fale sobre temas que vocês dois gostam. Não mude para agradar a pessoa, só seja uma versão melhor de si nos primeiros momentos.

ARGUMENTOS E DISCUSSÕES

Ficar emocionado com uma peça, uma música ou eventos é normal, e vamos concordar que até que é bem legal derramar algumas lágrimas de alegria uma vez ou outra. Acontece que o emocional pesado, o ruim, é uma coisa totalmente diferente. É quando ficamos com uma urgência de chorar por conta de um problema, derrota ou algo parecido. É quando ficamos fora de nós mesmos. Alterados. Agindo com raiva e sem resolução. Muitas vezes o ego vai falando mais alto na sua cabeça dizendo: discute de volta! O que você é, um frango?! Meu caro, às vezes temos que perder a batalha para garantir a guerra. Eu posso discutir com você a noite toda para tentar provar um ponto e se você não mudar. Vou ter perdido a saliva. Então, saia do argumento, do debate. Mostre com ações que você está certo. Não palavras. Elas são menos eficazes. Ficar se sentindo mal é natural, somos pessoas boas e não gostamos de argumentos. Agora, como evitar? Primeiro, se tiver uma opinião contraditória, mantenha para si próprio ou um grupo fechado de amigos, depois aprenda a aceitar mais. Quando não puder convencer uma pessoa, desista. Saiba bem o que diz. Fundamente. Não entre em um confronto sem argumentos ou saber o que dizer. Ao invés disso, simplesmente entre com argumentos fáceis de serem entendidos e não fale muito. Assim, será respeitado e ouvido. Muito mais do que se gritasse. Às vezes, as pessoas falam mais com poucas palavras do que com mil.

CARÁTER

Já pensou no que forma você? Eu digo o que você e eu temos de diferente, o que nos faz fundamentalmente múltiplos? E não estou falando de aparência, gênero, ou qualquer outra coisa exterior. Porque se trocar de corpo comigo, não serei você, nem você será eu. Por quê? Simples, personalidade.

Algo individual que me torna quem eu sou e te torna quem você é. Agora, sabendo disso, pergunte a si mesmo: quem é você? Sim, você é essa pessoa que mesmo se conhecendo tão bem, por dentro, e às vezes se sente distante, confusa. Agora, continue com essa ideia na cabeça e some o fato de nós não sermos nós mesmos o dia inteiro. Não que não queiramos, mas coisas como raiva, estresse e inseguranças, que experimentamos na vida cotidiana, interferem em como nos vemos e em como sentimos. Mas não mudam quem nós somos. Só têm a capacidade de mudar como agimos e a maneira que nos expressamos. E é dessa forma que os outros nos veem. E agora é que vem o pulo do gato, porque é isso que acaba se refletindo na maneira em que você se vê. Assim, tirando quaisquer opiniões sobre o caminho, quem é você? Sim, uma pessoa única e interessante que deveria ter respeito próprio e parar de se comparar aos outros. Se outra pessoa é mais legal ou mais inteligente do que você, esse pode ser o seu ponto de vista, já pensou nisso? Talvez, para os outros você é que é o mais legal e inteligente. Pare de se comparar e foque em si mesmo, assim vai ter mais desempenho. Temos apenas uma quantidade limitada de energia para nos propulsionar para a vitória. Não desperdice nada da sua. Tudo que se formou em você até agora foi mérito seu, tanto as coisas ruins, quanto as boas. Sinta orgulho e alegria de melhorar.

SE VALORIZE MAIS

Cara, tenho que fazer essa pergunta, você se acha melhor no que faz? Eu queria me achar, mas não pensava assim até recentemente. E te revelo uma coisa: há diferença entre saber e achar. Como eu vou me motivar a todos os dias levantar da cama e praticar esportes? Simples, alargue sua mente com positividade irracional. Afinal, como vai conseguir virar o jogo sem acreditar em si? Isso não quer dizer para não ser humilde. Saiba que não é o melhor, ou melhor, que não é o único. Mas acho que é, faça uma fantasia disso. Assim, vai poder continuar a se mover para frente, mesmo quando vir que não tenha chances de ganhar. Ou seja, você pode até perder, mas vai ser com honra. Sempre tente, porque o pior que pode acontecer é ter que refazer o que fez. Mas da segunda vez, terá seguramente mais experiência, o que se, me perguntarem, não é uma perda tão grande. Quanto mais eu caio, mais eu me levanto, repita: quanto mais eu caio, mais eu me levanto! Motivação é a única razão de estar de pé todos os dias, o que vai te parar quando tem motivação infinita? Apenas a morte! Ou talvez nem isso, já que outras pessoas podem carregar seu legado, sua honra. Assim, acorde toda manhã com espírito de ganhador e tente sorrir mais. Não precisa ser para os outros, pode ser para si mesmo no espelho.

DIFICULTAR O FÁCIL

Todos temos esse momento em que estamos na prova de matemática e acertamos a questão, só que passamos muito do ponto. Por exemplo, a questão pedia para multiplicar e você faz isso, mas além desse cálculo, seu cérebro manda dividir por dois e somar pela divisão. Percebe que se parasse antes, teria acertado e poupado muito esforço? Assim, entenda que às vezes o caminho mais fácil, é o mais fácil mesmo, óbvio assim. E temos que aceitar isso. Mas temos que descobrir quando essa situação é verdadeira. Tenho um amigo que era muito próximo meu, nos conhecemos desde meus dias de moleque. Ao longo do tempo, fui perdendo o contato com ele, mas isso não significa que não falávamos mais um com o outro. Apenas que à medida que fomos crescendo, fomos nos distanciando, embora ainda nos gostando e nos respeitando. Recentemente, eis que ele tem se demonstrado bravo comigo. Algo sem a menor razão de ser, pois nem nos vimos. Fiz um exame de consciência e cheguei à conclusão de que só pode ter sido com a lembrança da parte dele de algo que eu fiz, e não sei o que, lá na 4ª série, onde eu comi o lanche dele ou quando o empurrei da escada no 3º ano, não tenho a mínima ideia... Analisando o exemplo e o tema, o que acha que eu deveria fazer? Sim, creio que sua resposta seria: perguntar a ele sobre o que está bravo. Mesmo que não revele, saberei que ele sabe que eu ligo para os sentimentos dele. Dessa forma, eu cumpro a minha parte. Mas que o exemplo sirva para que caiamos neste fosso. Afinal, nossa vida hoje poderia ser leve e cheia de diversão. No entanto, ele optou por se travar e impedir a fluidez de nossa amizade, que deveria ser leve e fácil. Ele que pesou. Desnecessariamente...

SENTIDO DA VIDA

Todo dia acordo, tomo café da manhã e vou para a escola. Lá, eu me exauro e volto para casa cansado e frustrado pensando: eu podia estar fazendo algo mais com a minha vida. Talvez se eu me esforçar mais vou ter resultados melhores. E, então, sigo ignorando o cansaço e a frustração. Mas chega a um ponto onde tudo está indo bem. Tenho tudo que desejei e quis: notas boas, um físico que me agrada, amigos leais e divertidos, e uma relação boa com minha família. Fico feliz e grato, mas não paro de pensar: qual o sentido de tudo isso? Um dia não vou ser lembrado, vou estar morto e tudo que conquistei na minha vida não vai importar. E questiono: por que eu continuo indo à escola se isso não me agrada? Qual é o sentido de tudo isso para a minha vida? Para que isso tudo serve? A verdade é que cada um vai ter uma resposta diferente. E sei muito bem que cada pessoa deve interpretar seu sentido da vida de forma diferente, de acordo com sua história e referências. Só lembro para que busque como fio condutor desse sentido, algo que te deixe feliz. E mesmo eu questionando para que serve o estudo, devo dizer aqui que temos que continuar a estudar, trabalhar e nos esforçar para atingir esse sentido; Enquanto não acha isso, continue estudando. Quem sabe encontramos esse saber nos livros?

ROMANCE

Uma das maiores dores que eu ainda tenho que experimentar é o amor, digo, a dor de ver sua ou seu pretendido escapar pelos seus dedos. Não quero dizer que o romance é uma coisa problemática, pelo contrário, se isso não ocorresse, eu nem estaria vivo. Quero só dar algumas dicas sobre essa fase de vida.

Uma das maiores questões que observo nas famosas dores do amor, é que o mundo anda muito carente. Refiro-me as pessoas. Não ao grupo dos jovens da minha idade apenas, os maiores também.

Aliás, essa palavra me faz lembrar uma consulta médica que fui quando o doutor me disse que eu tinha que tomar sol porque meu corpo estava carente de vitamina D.

Neste caso, como a vitamina D não é um ser humano com as suas próprias vontades e desejos, eu era obrigado a pegar sol todo dia e depois de um curto espaço de tempo: bingo! Resolvida a carência...

Mas quando ela é de amor, a pessoa fica em geral vulnerável, e imagina que o primeiro que sorri para ela é o grande amor da sua vida.

Aí é que mora o perigo... porque parece que entra uma cegueira em cena e a pessoa não vê que é a Dona Carência que entrou em campo, nada tendo a ver com o escolhido. Outra coisa que tenho que revelar, é que observo que em vários casos que acabo acompanhando, o carente acaba estragando tudo pela sua necessidade sufocante de amor. A outra metade acaba enjoando e termina o namoro.

Então para que isso não aconteça, a minha dica é: não permita que a sua carência te cegue. Ela não pode ser mais forte que você, que é o dono dela.

Quando seu coração estiver querendo um amor, um romance, tente ficar em você mesmo; se cuidando, sendo agradável, culto, leve, porque todo mundo gosta de gente assim. Inclusive o seu "alvo".

Dessa forma, te asseguro que o "alvo" vai te notar. E se você der oportunidade e não ficar exigindo o impossível, quem sabe ali não estará marcado o início de um lindo e saudável amor?

RECUPERAR O TEMPO PERDIDO

Houve um período da minha vida que eu ficava me dando desculpas para não fazer o que eu devia fazer. Por exemplo, eu tiraria notas baixas na escola e culparia a professora que, na minha cabeça, não ensinou direito, e não a mim mesmo, o verdadeiro culpado. Mantinha isso para mim, não falava como eu me sentia para ninguém. O fato é que quanto menos culpa eu assumia, mais eu me sentia mal e ia acumulando aquele sentimento dentro de mim. Cultivando alguém que não era eu. Vejo hoje que precisamos de muita lucidez para sair desse ciclo vicioso e, pior, temos que recuperar o dano que foi causado. Essa será a última lição de meu livro. Quero te parabenizar por ter chegado tão longe, cobrir uma vasta gama de situações que vão te ajudar em diversas áreas. Queria poder me aprofundar mais em cada uma. E se gostou do livro, sinta-se livre para revê-lo quando estiver se sentindo mal ou frustrado. Adorei poder contribuir com dicas cotidianas para ajudar as pessoas. Eu mesmo adoro ler livros de autoajuda. Espero que essa obra te abra para outros títulos também, mas por enquanto aproveite esse último capítulo. Um dos maiores problemas é que depois que ficamos bem, parece que bate uma amnésia e tentamos mudar as coisas muito rápido e nos sobrecarregamos, tentando agradar a todos e também nos ofendemos facilmente. Melhor é melhorar gradativamente, aos poucos, sem muito esforço. Assim, as pessoas vão acompanhando e entendendo seu processo e você se sente melhor. Só vai devagar e focado. E se deixar alguém ofendido, siga a mesma fórmula. Não pense que desculpas resolvem tudo.

DE MIM

Quero te saudar com um até breve e pedir para deixar um *feedback* do livro. Mande para o meu *e-mail*, se você gostou ou não do livro. Mas por agora tchau, lembrando para que viva sua melhor vida <3.

ass: Seu amigo, Claus.